LA VIE
DE
S. EUSICE
ABBE',

PATRON ET FONDA-
teur de la Ville de Celles
en Berri.

AVEC APPROBATION
des Docteurs.

1708.

LA VIE
DE
S. EUSICE
ABBE',

PATRON ET FONDATEUR
de la Ville de Celles en Berri.

ES Vies des Saints qui ne sont pas données au Public, sont comme des Tresors cachez dans le sein de la Terre, & les vertus qu'ils ont si genereusement pratiquées seroient tout à fait inutiles aux hommes, si faute de venir à leur connoissance,

A 2

on les mettoit hors d'état de les pouvoir imiter. Pour éviter ce fâcheux inconvenient, la vie de S. Eusice étant peu connuë, peut-être même de ceux qui ont le bonheur de l'avoir pour Patron; je tâcherai de reduire en abregé, ce que Dieu a fait de plus considerable en la personne d'un de ses grands Favoris, que la Ville de Celles doit regarder comme son Fondateur à la maniere dont la suite le fera connoître. Ce Heros Chrétien, semblable à l'Ange de l'Apocalypse, qui avoit un pied sur la Terre & l'autre sur la Mer, peut être également exposé au monde & au Cloître; afin que si ceux qui menent la vie Religieuse trouvent dans la sienne dequoi se perfectionner dans leur état; ceux qui vivent dans le monde ayent aussi dequoi se sanctifier par la pratique de ses vertus.

Il fut un Thaumaturge de son siécle : Tous les jours de sa vie, s'il m'est permis de parler ainsi, se pouvoient compter par ses prodiges ; & il en a fait de si rares & de si extraordinaires, qu'il y auroit sujet de les revoquer en doute, si l'on n'étoit convaincu que l'esprit de Dieu s'étant comme répandu dans le sien, l'avoit rendu capable de commander à tous les élemens & à toute la nature.

Que s'il étoit necessaire de dire ici quelque chose au sujet des miracles de cet illustre Abbé, pour se précautionner contre ces esprits forts du Siécle, qui ont coutumé de traduire en Fables toutes les actions miraculeuses des Saints ; je n'aurois qu'à leur remettre devant les yeux les Vies surprenantes d'un Moïse, d'un Josué, d'un Samson, d'un Elie, d'un Elisée & de plusieurs autres fameux Personnages de l'ancien Testament que Dieu avoit mis dans le monde pour en faire les Ministres de sa Toute-puissance, & les Interpretes de ses volontes. Je n'aurois qu'à leur citer l'autorité de JESUS-CHRIST, qui parlant à ses Disciples, dit, qu'il sufisoit de croire en lui & d'avoir une foy vivante & animée pour operer des prodiges égaux aux siens, & même plus grands que ceux qu'il a faits durant qu'il vivoit ici bas. Je n'aurois enfin qu'à leur citer l'éxemple de S. Gregoire de Neocesarée, & l'autorité de S. Gregoire le Grand, qui raporte dans ses Dialogues plusieurs insignes miracles qui s'étoient faits de son tems, & dont il parle d'une maniere à nous persuader qu'il y ajoûtoit toute la foy possible.

De plus, qui ne sçait que tout Miracle étant selon la définition de S. Thomas, une action qui surpasse les forces de l'homme &

la puissance de toute créature, c'est aller contre son essence que de vouloir le penêtrer par la vivacité du raisonnement. Qui ne sçait que Dieu agissant tout entier dans ses Saints, c'est douter de l'immensité de son pouvoir que de ne pas croire les actions miraculeuses qu'il opere par leur organe. Qui ne sçait enfin que tout Miracle ayant pour son but principal de manifester la gloire de Dieu, ou de faire connoître la sainteté de celui qui le fait; ou bien de confirmer & de soûtenir la doctrine de l'Ecriture, c'est dénier à l'un la gloire qui lui est dûe, c'est obscurcir le merite de l'autre, & ôter à nôtre foy un de ses plus solides & plus inébranlables fondemens, que de les soupçonner de quelque fausseté, & de n'y pas ajoûter toute la créance qu'il exige de nous. Car enfin s'il est une fois permis de douter d'un Miracle, il est constant qu'on pourra avoir le même sentiment de tous les autres, étant tous également au dessus des forces de la nature, & par consequent superieurs à nos lumieres, & à nôtre pénétration.

On a crû qu'il étoit à propos de se servir de cette précaution, avant que d'entrer dans le détail de la Vie & des Miracles du Grand Abbé S. Eusice, où on n'a rien avancé que sur le témoignage de plusieurs illustres Auteurs, dont la fidelité n'est nullement suspecte, & particulierement de saint Gregoire de Tours dans son Livre de la Gloire des Confesseurs, Chapitre 82. d'une ancienne Legende de nôtre Saint, qui se conserve dans l'Abbaye de S. Germain des Prez à Paris, dont on trouve quelques fragmens dans le 1er Tome des Historiens de France par André du Chesne du Chefne ; laquelle a été écrite par un Auteur qui affure l'avoir apprife de S. Leonard & de S. Romain Succeffeurs de S. Eufice en la Charge d'Abbé. D'un autre ancien Recueil de la Vie du même Saint ; dont l'Original fe conferve dans la Bibliotêque Roïale, & qui a été inferée par le Pere Labbe de la Compagnie de Jesus dans le 2e. Tome de fa Bibliotêque nouvelle de Manufcrits, où il parle encore avec éloge de nôtre Saint. D'un autre tirée de l'Abbaye de S. Victor à Paris. D'une autre imprimée en ladite Ville l'an 1516. Du Martyrologe de France. Du Pere Simon Martin Minime dans fes Fleurs de la folitude. aprés lefquelles autorizez, on ne craindra point de commencer la Vie ainfi qu'il fuit.

L'an de nôtre Seigneur 465. fous le Regne de Childeric premier du nom, Pere du Grand

B

Clovis, S. Eusice vint au monde dans un Village de Perigord appelé Jumilliac, de parens nobles à la verité, mais déchûs de leur 1ᵉʳ grandeur, parce que profeſſans la Religion Chrétienne dans toute ſa pureté, ils avoient été chaſſez par le Roy Evaric, Prince Arrien, de la Ville de Saragoſſe en Eſpagne, où ils avoient pris naiſſance. Ce grand ennemi de la Conſubſtantialité du Fils de Dieu, ayant ſuccedé à ſon frere Theodoric l'an 464. s'empara par force de la Province Tarragonnoiſe ou d'Arragon, ruina toutes les Egliſes, chaſſa les Evêques, perſecuta cruellement la Nobleſſe Catholique, comme la plus capable de lui reſiſter. Les parens de nôtre Saint dans cette diſgrace commune furent bannis pour la foy, préferant (comme Moyſe) les opprobres de JESUS-CHRIST à tous les Tréſors des Egyptiens.

Le Pere s'appeloit Marcel, & la Mere Benoîte, qui s'étant un jour endormie dans un profond sommeil lorsqu'elle étoit enceinte, elle eut une vision, pendant laquelle il lui sembla qu'un Ange lui disoit ces paroles: *Benoîte, l'Enfan que vous portez est élû de Dieu pour être la bénédiction de vôtre Maison, & la consolation de plusieurs ; vous l'appellerez Eusice, & lui-même prononcera son nom, lorsqu'au Baptême on voudra lui en donner un autre*: Cette pieuse femme s'étant éveillée bien joyeuse, courût aussitôt dire à son mari ce qu'elle avoit vû & les promesses qui lui avoient été faites, ausquelles Marcel ne fit pas pour lors grande attention.

Peu de jours aprés Benoîte accoucha heureusement d'un fils; mais aïant à peine des langes pour l'envelopper, elle ne pût contenir ses larmes se voyant reduite à cette misere, aprés avoir eu toutes choses autrefois avec tant d'abondance. Elle se consola néanmoins dans la confiance qu'elle avoit en Dieu, suppliant sa bonté que les promesses qu'il lui avoit faites fussent accomplies en son Enfan; qu'elle se proposa de bien nourrir selon ses petits moyens.

Son pere le voulant faire bâptiser, pria plusieurs de ses Voisins de le tenir sur les Fonds; mais tous s'en excuserent, soit qu'ils eussent affaire ailleurs, ou que sa pauvreté leur fit craindre qu'ils ne fussent chargez du soin de son éducation. Ce refus ne fut pas une petite mortification à Marcel, qui pour être déchû de sa fortune, n'avoit pas oublié sa naissance. Néanmoins faisant vertu de la necessité où il étoit reduit, il prit patience, & attendit encore cinq ou six jours. Alors un bon Prêtre apelé Eugene qui avoit soin de la Paroisse, ayant sçû le refus des Voisins, voulût être le Parain

rain de l'Enfan, & l'ayant fait porter à l'Eglise, il lui administra le Sacrement du Batême au grand contentement de ses parens. Mais le prodige qui arriva dans cette occasion augmenta beaucoup leur joye; car lorsque le Prêtre voulut lui donner son propre nom, Dieu déliant miraculeusement la langue de l'Enfan, il dit tout haut *Mon nom est Eusice*. Le bon Prêtre bien étonné de cette merveille en rendit la gloire à Dieu, & aprit que la mere avoit eu revelation de tout cela avant que d'accoucher.

Cet evenement extraordinaire confirma davantage les parens d'Eusice dans l'esperance qu'ils avoient conçuë que Dieu en vouloit faire un vase d'élection, & attira si fort le cœur & l'affection du Prêtre Eugene envers eux, que depuis il les assista avec autant de soin que s'ils eussent été ses proches. Cependant Eusice croissant en âge, en grace & en esprit, ses parens prenoient aussi grand soin de l'élever en la vertu, & ils ne permirent pas qu'il aprît aucunes des puerilitez qui sont ordinaires aux enfans.

D'ailleurs le bon Prêtre Eugene qui le cherissoit tendrement, prit un soin singulier de l'enseigner, & de former dans son ame toutes les vertus dont il étoit capable. Aussi le Saint Enfan (conformement à son nom d'Eusice, qui signifie soif ou desir du bien) pressé de cette sainte alteration & de cette soif salutaire de l'Evangile fit de si grands progrés dans la voie du salut, que tout le monde le regardoit déja comme un Saint. Ses pere & mere le voyant profiter de jour en jour en la perfection, en avoient une extrême joye mais qui fut bientôt troublée par le décez du bon Prêtre Eugene;

car à peine fut-il dans le tombeau que cette famille désolée commença de ressentir les miseres de la pauvreté, qu'elle suporta neanmoins avec une grande constance.

Dieu voulant aussi les consoler fit paroître les graces qu'il avoit communiquées à leur fils : Car ayant permis qu'un Diable possedât & tourmentât cruellement un jeune garçon, fils d'un homme riche, compagnon du Saint & environ de son âge, par la bouche duquel il formoit plusieurs voix ensemble qui donnoient beaucoup de frayeur, le Saint le fit mener à l'Eglise, où ayant fait sa priere & le signe de la Croix sur le possedé, le Demon sortit devant toute l'assemblée qui benit Dieu d'une telle merveille.

Or quelque tems aprés une cruelle peste étant survenuë dans le Perigord, laquelle fut suivie de la famine, les parens de S. Eusice furent contraints d'en sortir pour chercher leur vie ailleurs. Ayant donc passé à Limoges, puis à Bourges où ils trouverent que la disette n'étoit pas moindre, ils arriverent avec bien du peril vers Romorantin, parce que les voleurs, aussi bien que les bêtes sauvages couroient les chemins. Enfin ayant apris qu'il y avoit proche une Abbaïe appellée Patrice, où l'on faisoit tous les jours de grandes aumônes au passans & aux pelerins, ils y allerent dans l'esperance de recevoir aussi la charité.

Ce Monastre étoit alors gouverné par un Saint Personnage apelé Severin, qui avoit tant d'amour pour les pauvres, que craignant qu'ils n'en souffrissent par la negligence des serviteurs, il en avoit commis le soin à un de ses Religieux nommé Leodebin. Les parens de S. Eusice s'étant donc presentez avec les autres pauvres pour recevoir l'aumône, le Procureur qui ne les avoit pas encor vûs, connût à leur exterieur qu'ils étoient étrangers, ce qui l'obligea de les interroger d'où ils étoient, & de la cause de leur venuë. Etant satisfait de leur réponse & encore plus de leur modestie, il leur donna l'aumône, & étant rentré dans le Monastere, il raconta à son Abbé ce qu'il avoit appris de ces étrangers, & comme ils avoient avec eux un fils de trés bon air, qui marquoit être quelque chose de plus que ce qu'il paroissoit en ses habits. Le Saint Abbé se sentit aussitôt touché du desir de le voir : On lui amena, il le vit, & l'ayant interrogé, il en reçût des réponses si pleines de jugement, qu'il en demeura trés satisfait.

Le S. jeune homme lui dit entr'autres choses qu'il croyoit avoir tant d'obligation à ses pere & mere que pour les assister en leur pauvreté, il se vendroit volontiers, & en même tems il le supplia de le recevoir au nombre des serviteurs de la Maison, afin que par ce moïen il pût secourir ceux desquels il avoit reçû la vie. L'Abbé surpris de cette resolution, & admirant les graces que Dieu avoit mises en ce jeune homme, reconut évidemment l'explication d'un songe qu'il avoit fait la nuit précedente. Car ce Saint Abbé ayant dessein de faire une belle Croix pour orner son Eglise, s'imagina en dormant qu'un pauvre lui presentoit à vendre une trés belle pierre precieuse, plus éclatante & plus riche que les autres, dont il vouloit embellir sa Croix, & ayant le lendemain sçû la venuë de ces étrangers, & sur tout de leur fils, il desira de le voir, & le voyant, il connut que c'étoit cette pierre précieuse qu'on lui avoit presentée, & que cet Enfan seroit un jour l'ornement de sa Maison & de l'Eglise. C'est pourquoi il en parla à ses Religieux, & de leur consentement, il le reçût dans le Monastere, achetant pour serviteur, celuy qu'il apprit par révélation divine devoir être un jour son successeur.

Etant ainsi reçû, l'Abbé S. Severin fit donner aux parens de nôtre Saint, tout ce qui étoit necessaire pour leur entretien, & pour celui de deux autres enfans qu'ils avoient ; ce qu'on leur continua charitablement le reste de leurs jours, en consideration du jeune Eusice, qui d'abord fût mis pour servir à la cuisine, & on lui recommanda la fidelité & l'obeïssance. Dans cet office, quoique bas & ravalé, il commença de jetter des rayons de vertu, qui furent assez éclatans pour éblouïr les autres serviteurs de la Maison ; en sorte que jaloux de voir que par son humilité il se faisoit aimer & chérir des Maîtres ; ils lui firent mille affronts, & lui imposerent des calomnies atroces, à dessein de le faire chasser du Monastere. Toutefois le Saint souffrant avec patience toutes ces injures, parce qu'il avoit pris Dieu pour son protecteur, ne laissa pas de continuer ses devoirs avec beaucoup d'exactitude ; ensorte que les Religieux admirant ses vertus, ne firent point de cas de tout ce qu'on lui imputoit.

Mais ce qui lui devoit attirer de l'estime & de l'amour, ne fit qu'irriter davantage la haine que ses envieux avoient conçûe contre lui, & dont ils ne donnerent des marques que trop visibles peu de tems après ; parce que le Saint continuant de faire l'office de la cuisine, ils briserent & mirent en pieces en pièces toute la vaisselle de terre qu'on lui avoit confiée, & qui servoit aux Religieux. Eusice plus touché de l'offense commise contre Dieu, que du dessein qu'ils avoient de lui nuire en le faisant tomber en confusion, ramassa quelques pièces de cette vaisselle cassée, & alla se prosterner au pied de l'Autel, où ayant épanché amoureusement son cœur & exposé son affliction au défenseur des innocens & opprimez, il s'en retourna à la cuisine, où il trouva la vaisselle miraculeusemét rétablie en son entier, & le dîner des Religieux aussi bien préparé que s'il y eut eu un grand feu, quoiqu'il n'y en eut nullement.

Un Miracle si signalé les devoit sans doute ramener à la raison; mais comme le soleil qui amollit la cire, endurcit la boüe, ces esprits peu traitables craignant que l'Abbé S. Severin qui

D

connoiſſoit ſes rares merites ne l'élevât à quelque charge plus conſiderable, prévinrent l'amour cordial qu'il avoit pour Euſice, & lui perſuaderent artificieuſement de lui donner le ſoin des troupeaux. L'humble & obéïſſant domeſtique reçût cette occupation avec d'autant plus de joye, qu'outre qu'elle lui donnoit lieu d'imiter la vie des plus grands Patriarches de l'ancien Teſtament, & pluſieurs celebres Anachoretes de la nouvelle Loy, elle lui fourniſſoit amplement les moyens de vivre ſolitaire, & de s'élever à Dieu avec plus de facilité. Mais la jalouſie (, que l'on peut ſi juſtement comparer à l'Enfer pour la multitude des peines dont elle punit ceux qui en ſont ſuſceptibles) l'aïant cruellement attaqué dans le Monaſtere, voulut encore aller troubler ſa ſolitude & ſon repos : Car les ennemis de la vertu surpris de ce que les troupeaux croissoient à vuë d'œil sous sa conduite, comme sous celle d'un autre Jacob, tuërent les chiens qui les gardoient, afin que la bergerie étant destituée de sa défense ordinaire, les loups pussent plus aisément y faire du dégât, & eux prendre de là occasion de l'accuser de negligence. Toutefois la Divine Providence renversa tout ce qu'ils avoient malicieusement prémedité & fit briller de plus en plus la sainteté de nôtre Solitaire, qui sçût addoucir le naturel carnacier de ces bêtes farouches. Car les ayant trouvez dans la bergerie, il les arrêta pour garder son troupeau au lieu des Chiens qu'il croyoit qu'ils eussent tué. Et ce qui n'est pas moins miraculeux, est que ces esprits fâcheux étant entrez dans la bergerie pour en enlever quelques Moutons, à dessein de rendre nôtre Saint responsable de leur perte ; les Loups qui la gardoient s'étant jettez sur eux, les terrasserent, & les tinrent dans ce funeste état saisis de la crainte & des horreurs de la mort jusqu'à son arrivée. Si leur confusion fut grande d'être trouvez en cette posture, la charité du Saint le fut encore davantage, parce que rendant le bien pour le mal à ceux qui lui en avoient tant fait sans sujet, il les tira amiablement d'entre les dents de ces bêtes feroces.

Des merveilles si surprenantes & si extraordinaires étant venuës à la connoissance de l'Abbé saint Severin, qui sçavoit d'ailleurs l'extreme desir qu'avoit Eusice de se donner entierement à Dieu, il résolut du consentement de sa Communauté de lui donner l'habit Monastique : dont il ne fut pas plûtôt revêtu qu'on remarqua en lui

lui la vertu d'un des plus confommez dans la perfection : Jamais on ne vit un Religieux plus humble ni plus soûmis. Il s'occupoit de telle forte qu'il employoit les journées à s'acquiter de ses obéïssances, & passoit les nuits aux pieds des Autels où il répandoit des larmes de componction & de dévotion : Bref il étoit si exact observateur de la Regle que son Abbé lui avoit prescrite, qu'il le proposoit souvent aux autres comme un modéle sur lequel ils devoient conformer toutes leurs actions. Mais l'envie toujours inquiete, ne pouvant souffrir que la reputation de sa sainteté augmentât de jour en jour, fit ses derniers efforts pour vomir contre lui, le reste de son venin. Et pour y réussir, elle suscita encore quelques malicieux qui persuaderent au S. Abbé Severin de lui donner le foin de la Boulengerie, dans l'es-

E

perance qu'ils avoient de trouver quelque occasion de le calomnier. Saint Eusice s'acquita de cette charge avec tant de fidélité, que non seulement les Religieux, mais encore les Domestiques du Monastere en étoient contens & satisfaits : si bien que sa conduite irreprehensible les ayant frustré de leur attente, & mis hors d'état de former aucune plainte contre lui, ils s'aviserent un jour qu'il étoit prêt d'enfourner le pain, de lui enlever tous les instrumens destinez à cet usage. Eusice rempli d'une sainte confiance, & du souvenir du pouvoir souverain de nôtre Dieu qui conserva les trois enfans dans la fournaise de Babylone, aprés s'être muni du signe de la Croix, entra plusieurs fois dans le four ardent, soit pour le nettoyer, soit pour y mettre & ranger son pain, soit enfin pour l'en retirer sans en souffrir aucun dommage. Ce grand miracle arriva à la Fête de S. Sebastien, auquel jour l'Eglise de Celles en fait une mémoire particuliere à l'Office divin.

La patience de cet homme incomparable ayant été si souvent éprouvée, Dieu permit enfin que ces cœurs de Pharaon, qui n'avoient pû être touchez par tous les Miracles précédens, le fussent par celui du feu, d'où le Saint sortit sain & entier, pour faire voir qu'il conservoit sa tranquilité au milieu des feux de l'envie, comme le diamant conserve sa beauté & son éclat au milieu du feu le plus actif de tous les élemens. Ils furent donc obligez de reconnoître à leur grande confusion, la pureté, la constance & l'immobilité de son amour, jointe à la fidelité inviolable qu'il gardoit pour son Dieu : Ils lui demanderent pardon, & furent par après les plus zélez Panagyristes de sa vertu. En effet, par quelle épreuve plus rude auroient-ils encore voulu le faire passer après celle du feu ? seroit-ce par l'eau son contraire ? nous verrons bientôt que celui qui a sçû le préserver de l'activité du feu, sçaura pareillement le préserver de la rapidité de l'eau. Cependant le cœur de saint Eusice brûlant du chaste amour des choses célestes ne respiroit plus que la contemplation, lorsque le saint Abbé Severin voulant reconnoître son merite & honorer sa vertu, le fit promouvoir à l'Ordre de Prêtrise, & lui donna ensuite le soin des affaires de son Monastere, dont il s'acquitta avec tant de prudence, que les biens temporels croissoient tous les jours entre ses mains.

Sa charge de Procureur l'obligeant à traiter avec le monde, la renommée de ses vertus, commença de s'étendre de telle sorte que plusieurs personnes venoient de toutes parts, tant pour écouter ses saintes paroles que pour obtenir par ses prieres du soulagement en leurs infirmitez. Mais le Saint craignant de perdre par ces frequentes visites l'humilité qu'il desiroit de conserver, il pria son Abbé de lui permettre de se retirer en quelque lieu solitaire, où il pût vâquer à la contemplation : ce qu'il obtint avec beaucoup de difficulté, parce que le bon Abbé aimant cordialement un si saint disciple, il avoit de la peine de le séparer de lui. Etant donc sorti du Monastere, & aïant passé quelque tems en l'Abbaye de Miei prés d'Orleans, célèbre par le grand nombre de Saints qu'elle a donné à l'Eglise, & gouvernée pour lors par S. Memin, il s'en alla visiter S. Avit, saint

Viatre & S. Dulcard Religieux de la même Abbaye de Mici, lesquels touchez du même desir de la solitude, s'étoient retirez dans un lieu desert & inhabité de la Soloigne. Il demeura quelque tems avec eux pour s'édifier par leur exemple & pour joüir de leur Ste conversation, comme il est dit dans la vie du même S. Dulcard. Mais à quelque tems de-là S. Memin étant décedé, les Religieux rapelerent S. Avit pour prendre cette charge : Desorte que ces saints solitaires étant contraints de se séparer, saint Viatre se retira prés d'un lieu apelé Tremblevic, & S. Dulcard ou Douchard s'en alla dans un autre vers Bourges, apelé la victoire. Cette séparation arriva l'an 521. car S. Memin étant décedé le 15. Décembre précedent, les Religieux de Mici furent quelque tems sans pouvoir trouver le lieu où S. Avit & ses compagnons s'étoient retirez en solitude.

Ce fut donc dans cette année 521. que S. Eusice ayant goûté les douceurs de la vie solitaire, se retira dans un lieu plein de bois, de ronces & d'épines sur le bord de la riviere du Cher, qu'il choisit pour sa demeure proche d'un petit hameau appelé Persigni. Là il s'y bâtit une Oratoire & une Cellule avec des branches d'arbres & de la boüe, où il demeura prés de deux ans menant une vie trés austere, sans être connu que de Dieu seul. Son ame étoit abîmée dans la contemplation de ses grandeurs, pour la présence duquel il étoit toûjours plein de respect, pensant continuellement aux années éternelles, couchant sur la terre ou sur la cendre, portant un rude Cilice. Et de peur que le trop de nouriture n'appésantît son esprit, & ne l'empêchât de se nourir des délices du Ciel, il jeunoit sans cesse, se contentant de pain d'orge ; ne bûvant que de l'eau que la riviere du Cher lui fournissoit, & s'occupant à défricher un peu de terre pour faire un petit jardin, duquel il tiroit les herbes & racines qu'il mangeoit sans aucun assaisonnement pour entretenir sa vie. Et comme s'il eût été un autre Adam placé dans le Paradis terrestre, il se familiarisoit avec les animaux les plus timides qui lui obéissoient lors qu'il leur défendoit de toucher à ce qu'il avoit cultivé. Il éleva aussi dans le même lieu des mouches à miel, afin qu'après que la contemplation l'avoit uni à Dieu par la priere, il eût dequoi s'occuper d'une maniere innocente, tant par le principe de fuir l'oisiveté, que pour faire la charité aux pauvres.

Mais comme Dieu veut exalter les Saints qui s'humilient, & faire paroître ceux qui se cachent pour l'amour de lui, nôtre Saint étant ainsi occupé dans sa solitude, la Providence voulut que les pluyes continuelles qui tomberent pendant le mois de Novembre enflerent extraordinairement la riviere du Cher, qui par son débordement inonda toute la campagne : Neanmoins par un effet de la main toute-puissante de Dieu qui arrête les flots de la mer, & les empêche de passer leurs bornes, l'eau comme une muraille entouroit toute la cellule du Saint, sans toutefois oser entrer dedans ; desorte que par la vertu de nôtre Seigneur à qui toutes les créatures rendent obéissance, le feu & l'eau ces deux élemens furieux, ausquels lui seul peut prescrire des limites, ne nuisirent point à son serviteur ; le feu lors qu'il entra dans le four ardent, & l'eau lors qu'elle l'environna de toutes parts sans submerger sa petite demeure.

Ce Miracle d'arrêter la furie des eaux debordées, n'arriva pas seulement durant la vie de S. Eusice, mais encore depuis sa mort les habitans de Celles ont plusieurs fois experimenté, & même de nos jours; que quand les eaux de la riviere du Cher croissent extraordinairement jusqu'à entrer dans la Ville, la Châsse où ses Reliques sacrées reposent, étant portée en Procession & mise au bord de l'eau, aussitôt elle s'arrête, & ne passe pas plus outre. Ils se souviendront, & on les appelle tous à témoin, qu'en cette année 1707. le 6. jour d'Octobre sur les sept heures du soir, la meilleure partie de leur Ville étant en un danger évident d'être submergée, par une inondation subita des plus grandes & des plus terribles qu'on ait vûë depuis un siecle, elle en fut heureusement délivrée d'une maniere surprenante un moment aprés que la Procession fut achevée. Que les Peres ayent soin de l'annoncer à leurs enfans, & les enfans aux leurs, & continuent ainsi de generation en generation, afin qu'ils ne perdent jamais la memoire d'un bienfait si signalé ; & que ce jour entre les autres, soit pour eux un jour d'action de grace & de reconnoissance envers un si illustre Protecteur.

Nôtre Saint étant donc ainsi au milieu des eaux, quelques bâteliers qui couroient le rivage, voyant & admirant cette merveille furent curieux de descendre & entrer dans ce lieu qu'ils voyoient tout sec sans en sçavoir la cause. Ils trouverent le Saint dans les exercices de sa contemplation, & ayant parlé à lui, ils allerent publier par le voisinage ce qu'ils avoient vû : Le bruit en étant venu au Monastere de Patrice, l'Abbé S. Severin jugeant bien que celui dont on parloit étoit son bon Disciple Eusice, il l'envoya visiter par quelques-uns de ses Religieux desquels ayant appris la verité du fait, il y alla lui même accompagné de deux qu'il aimoit aussi beaucoup, Leonard & Romain, afin qu'ils participassent à sa consolation.

Cependant les eaux s'étant entierement retirées, un grand nombre de personnes allerent trouver le Saint ; les uns pour avoir le bonheur de le voir, les autres pour en recevoir du soulagement dans leurs infirmitez : Et alors ce glorieux Serviteur de Dieu commença à faire une infinité de miracles pour la santé des malades. Saint Gregoire de Tours dit qu'il avoit une grace particuliere

particuliere pour guerir les tumeurs de la gorge des petits enfans; ce qu'il faisoit en invoquant la Sainte Trinité, & en faisant le signe de la Croix sur le malade qu'il touchoit doucement. Il disoit agréablement à ce sujet qu'il étoit bien juste que la gorge fut afligée de plusieurs maux, puisqu'elle étoit l'instrument de nôtre intemperance : Le même S. Gregoire ajoûte qu'il benissoit aussi de l'eau, dont ceux qui étoient travaillez de fiévres quartes n'avoient pas plutôt bû, qu'ils en étoient à même tems gueris.

Un homme du voisinage, aprés avoir été gueri un jour de ce mal par le moyen du Saint, vit en retournant chez lui deux Vases pleins de miel pendus à un arbre, appartenans aux Clercs du lieu qui étoient de ses Disciples. La convoitise qui est la racine de tous maux, le porta aussitôt à les
G

dérober, & ayant trouvé un fripon comme lui, qu'il voulut rendre compagnon de son larcin, il vint de nuit à l'arbre où pendoient les vases. Il y môta pour les prendre tandis que son compagnon étoit au pied pour les recevoir, lorsque nôtre Saint Vieillard survint. Celui qui étoit en bas ne l'eût pas plutôt apperçû qu'il s'enfuit ; l'autre qui ne voyoit rien & qui n'avoit rien entendu, dépendit le premier vase & le donna au S. Vieillard qui s'étoit mis sous l'arbre, croyant le donner à son compagnon. Comme il vouloit en faire autant du second, Eusice lui dit que c'en étoit assez d'un, & qu'il falloit laisser l'autre pour celui qui avoit eu la peine de faire le miel : Le voleur reconnût le Saint à sa voix, & se jetta à terre de frayeur. Le Saint le releva, le mena dans sa Cellule lui fit une remontrance salutaire sur sa faute, lui donna un rayon de miel, & le renvoya en paix, l'avertissant de ne point recidiver, parce que le larcin est le tresor du Demon.

Tant de merveilles attirerent bientôt à la Cellule du Saint, non seulement un grand nombre de miserables pour recevoir la guerison de leurs maladies, mais encore plusieurs Prélats & autres personnes de qualité, qui venoient chercher sa sainte conversation. De sorte que l'Abbé S. Severin craignant que pour vâquer plus librement à Dieu, il n'allât se cacher en un lieu plus éloigné, ou que quelqu'autre Monastere ne le demandât pour Superieur, il assembla ses Religieux, & leur proposa que ne pouvant desormais à cause de son grand âge supporter les soins de la charge d'Abbé, il étoit resolu de s'en demettre entre les mains de S. Eusice duquel ils connoissoient les vertus & les graces avec les miracles que Dieu operoit trés souvent par lui. Les Religieux ayant donné leur consentement, l'Abbé envoya chercher le Saint, qui fut reçû avec beaucoup de joye, & reconnu unanimement de tous pour leur Superieur. Quelque tems aprés cette installation, le Saint Abbé Severin chargé d'années & de merites déceda de cette vie pour aller joüir de la gloire éternelle. Son Corps fut enterré en son Abbaye de Patrice avec les larmes de S. Eusice & de tous les Religieux qui perdoient un si bon Pere ; mais depuis il fut transferé dans l'Eglise de Celles, qui celebre sa Fête le dixiéme de Juin, comme d'un S. Confesseur.

Quant à S. Eusice encore qu'il eût accepté la charge d'Abbé, il ne laissoit pas de visiter souvent sa chere solitude, tant pour converser avec Dieu & vâquer à l'oraison, qu'à cause de l'affection qu'il portoit à ce lieu ; lequel il sçavoit par revelation divine devoir être un jour la demeure des Saints, à la place des bêtes sauvages qui l'habitoient auparavant. Mais plus il se cachoit, & plus Dieu le faisoit paroître, non seulement par les miracles qu'il faisoit sur les Pauvres & sur les miserables, mais encore par ses excellentes vertus, qui le rendirent considerable devant les Grands de la Terre comme nous l'allons voir.

L'an 531. Childebert premier du nom Roy des François, fils du Grand Clovis, se trouva obligé de faire la guerre à Amalarie Roy des Visigots d'Espagne, à cause des mauvais traitemens qu'il faisoit à sa femme Clotilde, sœur du même Childebert. Ils étoient passez jusqu'a tel excés que cette Princesse pour animer les Roys ses freres à la vengeance, leur envoya un mouchoir trempé dans son sang que ce Roy Goth qui étoit Arrien lui avoit fait verser, parce qu'elle étoit Catholique. Clotaire Roi de Soissons & Thiéri Roi d'Austrasie, se trouverent empêchez en d'autres affaires ; si bien que le Roy Childebert entreprit seul ce voyage d'Espagne avec son Armée. Comme il passoit dans le Blaisois, il apprit de saint Dié qui vivoit lors, les merveilles que Dieu faisoit par saint Eusice ; ce qui obligea le Roy à le venir voir, & parler à lui. Le Saint assura Sa Majesté que son voyage auroit un heureux succés, & qu'il remporteroit sur son ennemi une glorieuse victoire. Le Roy en reconnoissance de cette heureuse prédiction offrit de l'argent au Saint, qui par le mépris qu'il faisoit de toutes les richesses, le refusa, supliant sa Majesté de le faire distribuer aux pauvres. Ce qui fut si agreable au Roy, qu'il fit vœu que si Dieu le ramenoit sain & sauf de cette guerre, il viendroit le revoir, & feroit bâtir une Eglise dans ce lieu où le Saint faisoit sa demeure, & où son Corps pût être mis en dépôt aprés son décez. C'est ce qui est raporté par l'Auteur de la Legende ancienne, & qui est confirmée par S. Gregoire de Tours; lesquels assurent aussi que depuis le Roy s'acquitta de sa promesse, comme nous verrons ci-aprés.

Ayant donc reçû les assurances de la prosperité de son voyage & la bénédiction du Saint, il s'avança avec son Armée, & arriva heureusement devant Tolede, qui fut obligée de se rendre aprés un assaut, où le Roy Amalaric ou Amauri fut tué. Childebert étant entré dans la ville, s'empara de tous les Tresors qui s'y

trouvèrent, & avec un si riche butin & plusieurs prisonniers, il s'en revint glorieux en France, ramenant avec lui la Reine Clotilde sa sœur. Lors qu'il fut arrivé dans le Berri, étant assez proche du lieu où demeuroit le Saint, il oublia la promesse qu'il avoit faite de le revoir, & passoit outre pour continuer son chemin, lorsque tout d'un coup il tomba sur ses yeux un nuage si épais, qu'il croyoit être aveugle. Il fut extrémement surpris de cet accident, qui n'affligea pas moins toute son Armée. Sur quoi quelques-uns de ses Officiers plus pieux & plus sages, se ressouvenant de la promesse du Roy, & faisant reflexion qu'il passoit outre sans l'accomplir, lui représenterent que cet oubli étoit sans doute la cause d'un si facheux accident. En effet le Roy ayant reconnu sa faute, n'eût pas si-tôt fait tourner la bri-
de

ide à son cheval, que ce nuage se dissipa, & qu'il recouvra l'usage de la vûe. On montre encore aujourd'hui par tradition le lieu où ceci arriva, qui s'apelle la Mivoye.

Etant donc ainsi plus engagé à cette visite par ce nouveau prodige, il revint voir le Saint dans sa solitude, & lui ayant raconté le bon succés de son voyage & de ses Armes, il le remercia des heureux effets de sa prédiction, lesquels il attribuoit à ses prieres, & le suplia de lui donner sa bénédiction. Ce que le Saint ayant fait, le Roy pour reconnoissance lui fit present de la somme de quinze livres d'or, ou comme porte la Legende imprimée, de trois cens écus d'or, afin de lui donner le moyen de commencer le Monastere qu'il vouloit bâtir en ce lieu là. Et bien que S. Eusice par le mépris qu'il faisoit des richesses, lesquelles comme dit

H

S. Gregoire il estimoit auſſi peu que de la bouë, eût refuſé les preſens que le Roy lui offrit à ſon paſſage, il accepta toutefois celui-ci comme une aumône, & dans ſon beſoin. Puis remerciant Sa Majeſté de ſes liberalitez, il l'a ſuplia de lui vouloir accorder une grace qui ſeroit encore plus agreable à Dieu, à ſçavoir la liberté des priſonniers qu'elle avoit amenés d'Eſpagne: Ce que le Roy lui accorda trés volontiers. Toutefois les Capitaines de ſon Armée faiſant difficulté de relâcher ceux qui étoient tombez dans leur partage, S. Euſice paya leur rançon de l'argent qu'il avoit reçû, & ainſi il les mit en liberté.

Le Roy étant parti pour continuer ſon retour vers Paris, Saint Euſice aſſembla tous ces priſonniers & leur fit offre, ou de s'en retourner en leur pays, & qu'il leur fourniroit de l'argent pour faire leur voyage, ou de demeurer avec lui & qu'il les traiteroit comme ses freres ; ce que plusieurs accepterent. Le Saint selon sa promesse leur fit part des biens & des Terres que le Roy lui avoit donnés, leur assignant à chacun une partie de ce territoire, afin qu'ayant défriché la terre des bois, des ronces & des espines dont elle étoit couverte, ils en recueillissent les fruits. Ce fut aussi par leur moyen qu'il continua de travailler au Monastere qu'il avoit commencé de ses propres mains. Et parce que le lieu manquant de pierres propres à bâtir, il falloit en aller chercher au conflant des deux rivieres du Cher & de la Saudre, où toutes fois personne n'osoit aborder, à cause que les Demons par plusieurs horribles fantômes troubloient les ouvriers qui en vouloient tirer ; le Saint par la vertu divine les chassa de-là : Ainsi il donna liberté toute entiere à ses ouvriers de tirer la pierre qui leur étoit nécessaire. Mais ce qui fut plus admirable, c'est que les Demons s'étant une fois mis sur de grosses pierres pour empécher les ouvriers de les tirer, & ayant rompu les chariots dont ils se servoient pour es transporter, le Saint contraignit les Demons de les traîner eux-mêmes jusqu'au lieu du bâtiment, à quoi les malins esprits se soumirent par la vertu du Tout-puissant, auquel toutes les Créatures obeissent.

Voilà le commencement de la fondation de l'Abbaye & de la Ville de Celles qui a été ainsi apelée à cause des Cellules & Maisons que S. Eusice fit bâtir, tant pour ses Religieux, que pour les prisonniers de guerre qu'il avoit rachetez ; & pour les autres qui aimerent mieux demeurer avec lui,

que

que de s'en retourner en leur pays. Car il est certain que le lieu où se retira le Saint en solitude aprés sa sortie du Monastere de Patrice, étoit comme disent la Legende, S. Gregoire de Tours, & le Martyrologe de France, plein d'espines, de ronces & de bois, dans lesquels il s'accomoda une petite Cellule de branches d'arbres, & où il dressa une Oratoire en l'honneur de la Sainte Vierge Nôtre Dame. Ce qui fait voir manifestement qu'il n'y avoit en cet endroit aucune Maison & beaucoup moins de Village ou de Ville. Ce lieu êtoit sur le bord de la riviere du Cher & proche d'un hameau nommé Pressigni, ce qui est véritable, puisque le lieu nommé Pressigni s'y voit encore à présent de l'autre côté de la riviere sur le côteau qui regarde la Ville de Celles : Mais au lieu des Maisons, la plûspart de la Terre est plantée en vignes, apellées le clos de Pressigni. De sorte que le petit Autel dedié à Dieu par S. Eusice sous l'invocation speciale de la Sainte Vierge, a été le premier fondement de l'Eglise de Celles : son Hermitage a été le principe de l'Abbaye Royale qui y est érigée : le même endroit qui a servi à ce grand Saint pour s'y cacher, est à présent le Chœur de l'Eglise de Celles, sous lequel est la Cave où l'on conserve ses pretieuses Reliques. Enfin la Cellule du Saint & les Cellules qu'il fit faire autour pour ses Religieux & autres, ont donné le nom & le commencement à la Ville de Celles, bâtie auprés de ce grand bois qui s'apeloit d'Aveigne & qui s'étendoit le long de la riviere en tirant vers Chabris, dont il y a encore quelque reste.

L'Auteur de la vie de S. Eusice tirée de la Bibliotêque du Roy semble insinuer que nôtre Saint se retira à Pressigni même pour y vivre en solitude : Mais il vaut mieux croire la Legende comme plus ancienne ; ou bien il faut dire que le côté où est maintenant la Ville de Celles, étoit aussi anciennement apelé Pressigni, puisqu'il n'y a que la riviere qui sepaye l'un & l'autre, autrement il y auroit de l'incompatiblité dans la relation du plus fameux de ses Miracles ; lorsque les eaux debordées environnant la Cellule du Saint s'éleverent à l'entour comme une muraille épaisse, & portant respect à ce lieu venerable, ne l'innonderent pas : Ce qui ne peut s'entendre du lieu nommé présentement Pressigni, qui est si haut qu'il est impossible que les eaux de la riviere du Cher montent jamais jusques-là & l'entourent.

Pour une plus grande confirmation de la verité de cette origine, en la plûpart des Titres, les Abbez & mêmes les Seigneurs lorsque la Ville en eût, ce qui ne se remarque point dans l'Histoire avant l'an mille, se qualifioient respectivement N.... Abbé ou Seigneur des Celles ou desdits Celles S. Eusice. Et d'autant qu'il seroit inutile d'avancer ces choses, si l'on n'avoit des preuves ; & que d'ailleurs S. Paul en sa seconde aux Corinthiens dit que tout se décidera par le témoignage de deux ou trois personnes, j'ay crû qu'il étoit nécessaire de raporter ce nombre de témoins, & sur tout des Seigneurs qui y avoient plus d'intérêt, afin de ne laisser aucun doute sur cette matiere.

Le premier est Robert de Courtenai, petit fils du Roy L. le Gros qui dans la charte des Libertez & franchises qu'il accorde aux Habitans de Celles l'an 1216. ne prend point d'autre qualité que la sui-

Abbé de Celles.

vante : *Ego Robertus des Courtiniaco Dominus de Cellis Sancti Eusicii notum facio, &c.* C'est à dire : *Nous Robert de Courtenay Seigneur de Celles Saint Eusice, sçavoir faisons &c.* Tître d'autant plus autentique qu'il fut confirmé & ratifié par deux de ses Successeurs, & enfin produit par lesdits Habitans l'an 1568. en la Cour du Parlement contre le Seigneur de Vallençay qui prétendoit sur eux droit de peage au Pont de la Venelle, & qui lui avoit été adjugé par Sentence du Bailly de Blois le 19. Décembre 1566.

Le second est Jean de Chalon dont voici les termes dans un Amortissement qu'il donne à l'Abbaye l'an 1320. *Nous Jehan de Chalon Cuens d'Auceurre & de Toneure, sires de S. Aignan en Berry; faisons sçavoir que comme nous Seguissemes Religieuses personnes l'Abbé & Convant de Celles Saint Eusice en Berry &c.*

Le troisieme est de Loüis de la Tremoille qui dans une Donation qu'il fait à ladite Abbaye l'an 1482. s'énonce ainsi : *Loys Seigneur de la Tremoille, Comte de Benon Seigneur de Suilly, de Craon, de Celles &c. sçavoir faisons que pour la trés grande amour que nous avons à Dieu nôtre Créateur, Nôtre Dame & Monseigneur S. Eutice, & ad ce que nous soyons continuellement ez prieres & Oraisons des Abbé & Religieux & Convent desdits Celles.*

On pourroit encore raporter d'autres autoritez, si celles-ci n'étoient plus que suffisantes pour des esprits qui ne sont point prévenus ; & elles sont d'autant plus fortes, que les eaux les plus proches de leur source sont toûjours les plus pures.

Ces choses étant ainsi établies, on verra manifestement l'erreur de ceux qui ignorant ou déguisant la verité de l'Histoire par une complaisance mondaine, ont commécé d'écrire ce mot de *Celles* par la lettre *S*, afin de retrancher par ce moyen une partie de la gloire accidentelle de nôtre Saint : Auquel néanmoins on est trop heureux de recourir dans les nécessitez publiques & particulieres, & dont aussi on reçoit tous les jours des graces & des faveurs singulieres. C'est sans doute un grand bonheur tant pour cette Abbaye que pour la Ville, d'avoir pour Fondateurs le Grand S. Eusice & le Roy Childebert qui a été un des plus illustres en pieté & en valeur entre nos Monarques de la premiere Race.

Or non seulement le Roy Childebert donna à S. Eusice la Terre & les moiens pour bâtir son Monastere, mais étant de retour à Paris où il recompensa les services que ses Capitaines lui avoient rendu en la guerre d'Espagne, un Prince de son Sang nommé Vulfin qui l'avoit suivi en cette expedition demanda & obtint de sa Majesté la Terre & Seigneurie qu'elle avoit sur la riviere du Cher proche & à l'entour du lieu où nôtre Saint faisoit sa demeure. Puis l'étant venu trouver, il fut tellement touché de l'exemple de ses vertus & des miracles qui furent faits en sa presence, qu'il lui fit Donation d'une grande partie des Terres qu'il avoit reçuës du Roy, lesquelles étoient sçituées entre les trois rivieres de Fouzon, du Cher & de Saudre. Davantage ce Prince par commandement du Roy unit à cette Abbaye de Celles l'ancien Monastere de Patrice avec toutes ses dependances & lui soûmit plusieurs Eglises d'alentour.

Pour faire voir la liberalité de ce Grand Roy & de ce genereux Prince

Prince, voici comme en parle l'Histoire de nôtre Saint, imprimée à Paris l'an 1516. en lettre Gothique & vieux Gaulois : Premierement donna toute la terre qu'il avoit entre la riviere du Cher & de Fozon jusques à Monbeau, & vingt trois arpens d'une autre part Et davantage toute la terre qui joint depuis le lieu nommé Conflans jusqu'à Noyers, laquelle est environnée des fleuves du Cher & de Saudre. Pareillement douze arpens de terre en Precigni avec tous ses usaiges & appartenances. Outre plus donna plusieurs autres terres, lesquelles, sont en divers lieux épanduës, comme Villechardon, Monchollet, & aulcunes autres, desquelles n'est besoing à present faire mention, & sont apelées lesdites terres, & honorées jusques à present sous le nom de saint Eusice. Aprés submit à S. Eusice le Monastere auquel premierement se fit Moyne ; car ainsi le commanda la Royale autorité, comme tesmoingne le Privilége. En aprés obtint toutes appartenances és deux Eglises principales, dont l'une est apelée Patrice, & l'autre Moustier Eusice, & plusieurs autres Terres au Diocése de Bourges, c'est à sçavoir la Celle S. Phallier avec tous ses droits & possessions. Item l'Eglise de Iaugy avec Gicures & Palmery, Sambleçay avec celle où le Corps de S Lynas est ensepulturé, lequel fut disciple de S. Eusice, qu'on apelle Varanne. Item celles qui sont sur la riviere de Modon, c'est à sçavoir S. Myott, Coffy, & celles qui sont au Diocése d'Orleans, c'est à sçavoir, Noyers, Billy, Coddes, Saffay, Chemery & Montaux. Quand Theodart noble homme eut pris l'habit de Moyne, il adjoûta avec les dessusdites, celle qui est auprés d'un Lac, laquelle on nomme Soain avec cinq autres Mansions tenants d'elle. Childeric riche homme & magnifique, pour l'honneur de Dieu donna deux Eglises situées au Diocése de Tours, dont l'une est nommée Mareil & l'autre Augé. Icelui même Childeric acquit plusieurs aultres Eglises, desquelles grand nombre de Moynes étoient substantez & nouris, & par aprés gouvernées par le regime de plusieurs bons Abbez; desquelles les noms s'ensuivent Villeneuve, Cabrion qui sont sur la riviere de Neuron, avec une autre pareillement qui est sur la riviere de Naon, nommée Valençay, laquelle aprés fut donnée avec trois aultres au Diocese de Chartres. Desquelles choses dessusdites a joui paisiblement toute sa vie ledit S. Abbé; & semblablement aprés lui plusieurs autres Abbez ses successeurs, mais par succession de tems ont été soustraites à la religion. On supprime le reste des paroles de l'Auteur, qu'on peut voir dans les exemplaires qui sont encore entre les mains de plusieurs personnes.

Pendant que ce Monastere croissoit en biens temporels, il augmentoit aussi en nombre de

Religieux que le Saint Abbé instruisoit & animoit en la vertu, tant par ses paroles que par son exemple. De sorte que nonobstant son âge déja avancé, il redoubloit sa ferveur & ses austeritez au lieu de les diminuer. Il ne mangeoit de pain que celui qui avoit été cuit par l'ardeur du Soleil, n'usoit jamais de sel, ni d'aucune graisse, mais seulement d'herbes cruës. Et ce qui est plus dur & difficile à supporter, c'est que nonobstant la soif, il ne beuvoit que de l'eau, encore trés sobrement, & comme si elle eût dû lui manquer. Débilitant ainsi son corps déja cassé de vieillesse, il sentit sa vûe s'abbaisser & ses forces diminuer, de telle sorte que voyant ne pouvoir desormais supporter le travail de sa charge, il assembla ses Religieux pour les exhorter à la paix & à la charité les uns avec les autres : Puis suivant l'exemple de

son

son bon Pere & Maître S. Severin, il les pria de choisir quelqu'un d'entr'eux qui leur seroit le plus agreable pour les gouverner aprés lui. Et afin de ne manquer à rien dans une affaire de cette consequence, il leur ordonna de faire des prieres extraordinaires avec un jeûne de trois jours, au bout desquels Dieu manifesta que sa volonté étoit qu'ils élûssent un d'eux appellé Leonard, dequoi S. Eusice conçût d'autant plus de joye, que ce Religieux étoit doüé de toutes les vertus requises en un bon Superieur, & qu'il avoit été avec lui Disciple de S. Severin.

Cependant nôtre Saint soupirant toûjours vers le Ciel qu'il desiroit de tout son cœur, il eut revelation du jour de son depart de cette vie, de quoi il avertit ses Religieux : s'étant donc fait porter dans sa petite Chapelle dediée à la Sainte Vierge Marie sa Patro-

L

ne, il fit une Confession très-humble de sa foy : puis il reçût les Sacremens de l'Eglise, & pendant qu'il s'occupoit interieurement à témoigner à Dieu les ardens desirs qu'il avoit de le voir, il parut au milieu de l'assemblée un homme vêtu en Evêque avec une merveilleuse clarté, qui aprés une Oraison qu'il dit, commanda que le Saint fut porté dans sa Cellule. Cependant quelques Abbez Voisins s'y étans rendus, & même deux Evêques que l'on n'avoit point avertis y étant arrivez, le Saint couché sur la cendre addressant sa parole à ce personnage qui paroissoit tout lumineux, lui dit : *Seigneur, commandez à mon ame de sortir :* Et aussitôt il deceda parmi les prieres & les larmes non seulement des Religieux ses chers enfans, mais encore de toute l'Assemblée de devant laquelle cet Evêque inconnu rempli d clarté disparut aussi avec l'étonnement d'un chacun. Ce qui fit croire que c'étoit nôtre Seigneur, ou un Ange qui sous cette figure d'Evêque emporta l'ame bienheureuse de nôtre Saint dans le Ciel. Son déceds arriva le 27. du mois de Novembre aprés avoir trés saintement vecû & trés bien gouverné son Monastere l'espace de quatorze ans, depuis qu'il fut élû Abbé en la place de son Maître S. Severin. L'ancienne Legende ne porte pas précisément l'année qu'il mourut, néanmoins on peut colliger que cela arriva l'an de nôtre Seigneur 542. qui étoit le 31. du regne de Childebert Roy des François, duquel nous avons parlé ci-dessus.

Le Corps de S. Eusice fut enterré fort solemnellement dans l'Oratoire qu'il avoit lui même édifié & dedié à la trés Sainte Vierge, où reposent encore aujourd'hui ses

Reliques que l'on a conservées contre les injures des tems, & la fureur des guerres, tant des Normans & Anglois que des Heretiques Calvinistes du seizieme siecle.

Le grand nombre de miracles qui furent faits à son Tombeau que l'on voit encore maintenant dans la Chapelle où il fut mis, obligea les Religieux de le faire élever de terre; & il y a de l'apparence que c'est pour ce sujet que dans l'Eglise de Celles on celebre la Fête de sa Translation avec une ceremonie particuliere, & la Procession de ses saintes Reliques, le Dimanche qui précede immediatement la Fête de sainte Marie Madelene qui est le 22. Juillet.

Depuis, en l'année 1246. le Bien-heureux Philippe Berruier Archevêque de Bourges, Primat d'Aquitaine, faisant la visite de son Diocêse, & recherchant les Corps des Saints, eût aussi de votion de voir celui de S. Eusice, afin, comme il est croyable, de le mettre plus honorablement. Et parce que cette action fut faite un Dimanche, immediatement après la Fête de S. Luc au mois d'Octobre, il institua une solemnité apellée la Révelation, qui est celebrée tous les ans à pareil jour, mais sa Fête principale est le 27. Novembre qui est comme nous avons dit celui de son bienheureux déceds, dont l'Eglise de Bourges & plusieurs autres de divers Dioceses (où il est en singuliere veneration) font l'Office : sur tout à S. Denis en France & aux environs de Paris où des Corps considerables de Métiers l'ont pris de tems immemorial pour leur Patron : C'est sans doute à cause du Miracle du Four dont nous avons parlé dans sa vie.

Dans la même année que Saint Eusice mourut le Roy Childebert accompagné de son frere Lothaire Roy de Soissons, entreprit un second voyage en Espagne contre le Roy Theude successeur d'Amalaric. C'est pourquoi le Cardinal Baronius se servant de l'autorité de Saint Gregoire de Tours, croit qu'en cette occasion le même Childebert vint consulter nôtre Saint sur cette expedition. Et quoique l'ancienne Legende ne parle que de la premiere entrevûë, lorsque le Roy alla querir sa Sœur l'an 531. comme nous avons dit ci-dessus, néanmoins cette seconde visite est très croyable, vû que les prédictions du Saint avoient été si avantageuses à sa Majesté dans son premier Voyage. De sorte que ce fut alors que le Roy fit, ou accomplit son vœu que si Dieu lui faisoit la grace de le ramener de cette guerre, il feroit bâtir une Eglise sur le Tombeau de nôtre Saint, & qu'à son retour le trouvant décedé il accomplit sa promesse, donnant le soin de l'édifice au Prince Vulfin, qui s'en acquitta avec le zele qu'il avoit pour les choses de Dieu & conformément à cette affection cordiale qu'il avoit eu pour Saint Eusice durant sa vie.

Il y a beaucoup de raisons qui doivent faire croire que l'Eglise de Celles, dont une partie subsiste encore aujourd'hui, à sçavoir la crouppe, & la croisée; au milieu de laquelle la Tour des Cloches est posée sur quatre gros pilliers, est la même qui fut bâtie par le Roy Childebert : Car à l'entour de la crouppe & des trois Chapelles qui y sont attacheés, on voit par le dehors des basses tailles en maniere de Frise, où sont representez les premiers Miracles de S Eusice, comme son entrée dans le Four, les Loûs qui gardent les Brebis au lieu des chiens, les Demons qui servirent de rouës aux chariots, & qui transporterent des pierres, & tels autres Miracles raportez par la Legende ce qui est une preuve assez évidente, tant de la verité de ces Miracles que de l'antiquité de l'Eglise. On voit dans la Chappelle de S. Jean qui est du côté du Septentrion & contre la voute du Clocher, certaines peintures qui montrent clairement aussi bien que la structure de l'édifice, que cette partie d'Eglise est trés ancienne. La Nef sans doute étoit de la même fabrique, mais ayant été ruinée comme il y a de l'aparence, par les Normans qui firent des courses en Touraine & en Berry dans les neuf & 10e· siecle, elle fut rebâtie depuis, & subsista long temps en cet état. Mais l'heresie de Calvin étant survenuë, dont les Sectateurs par une rage diabolique se plaïsoient à détruire les

Temples

Temples dediez à Dieu, & à profaner les choses les plus Saintes de la Religion ; l'Amiral de Colligny grand fauteur de cette heresie, qui s'étoit emparé de Celles l'an 1562. fit abbatre la croupe de l'Eglise dont il ne resta que les murailles, lesquelles depuis ont été couvertes en façon d'appentis, comme on les voit à present.

Outre cet Eglise bâtie par le commandement du Roy Childebert sur le Tombeau de S. Eusice, laquelle étoit pour l'usage des Religieux, il semble indubitable qu'on en fit bâtir encore une autre pour les familles qui étoient demeurées avec nôtre Saint, & qui s'y habituerent encore depuis ; parce qu'il n'eût pas été convenable pour la tranquillité & le repos des Religieux, que les assemblées des Habitans & les autres fonctions de pieté se fussent faites

M

dans leur Eglise. Aussi étoit-ce la coutume de separer l'Eglise Paroissiale de celles du Monastere, comme on voit en plusieurs lieux. On tient communément que l'Eglise Paroissiale de la Ville de Celles étoit au Bourgeau, où l'on voit encore à present les restes d'une grande Eglise, & fouillant la terre à l'entour, on y trouve aussi des tombeaux qui sont les marques d'un Cimetiere. Mais il est bien croyable que cette Eglise ayant été ruinée par les guerres, & n'y étant resté qu'une partie de Chappelle, on transfera les exercices de la Paroisse dans l'Eglise de l'Abbaye, comme étant plus commode au Habitans de la Ville : ce qui a perseveré jusqu'à present.

Or le Prince Vulfin prit non seulement le soin de faire bâtir l'Eglise sur le Tombeau de S. Eusice au dépens du Roy Childebert, mais encore il fit faire de ses propres deniers plusieurs autres édifices pour la decoration & embellissement de l'Abbaye, à laquelle il legua par Testament entre vifs de grandes richesses, C'est ce que l'on aprend de la Vie qui est dans la Bibliotheque du Roy. Enfin le même Prince abandonnant encore toutes les pretentions que la grandeur de sa naissance lui donnoit, il se donna lui-même à nôtre Seigneur & prit l'habit de Moine en cette Abbaye de Celles, où il mena une vie si humble & si sainte, qu'il en merita la gloire éternelle. On y conserve encore cherement ses sacrées Reliques, & l'on y celebre sa Fête le 12. Juillet.

Finalement à l'occasion de plusieurs Miracles qui furent faits au Tombeau de nôtre S. environ l'an 900. un grand & célébre Personnage apellé Odulfe, qui étoit lors

Abbé de ce Monastere fit mettre par écrit, non seulement les Miracles, mais encore la Vie du même Saint : en quoy l'Auteur dit lui-même qu'il s'est comporté diversement, parce qu'il écrivit la Vie sur les anciens Manuscrits, & qu'il raconte les Miracles dont il étoit lui-même témoin, ou qu'il avoit appris de personnes qui les avoient vûs. Nous en raporterons ici quelques-uns de ceux qui sont les plus signalez, & plus propres à faire admirer la grandeur de Dieu dans ses Saints.

Un nommé Menerius étant devenu paralytique de tous ses membres, se fit porter à l'Eglise de S. Eusice, où il obtint par sa perseverance en ses prieres, assez de force pour pouvoir faire les pellerinages de Rome, du Mont S. Michel, & de S. Martin de Tours. Etant de retour à Celles, comme il s'approchoit de l'Eglise,

il

il sentit ses os craquer comme s'ils se fussent déboitez l'un d'avec l'autre, & aussitôt il fut parfaitement gueri. Dequoi ayant rendu graces à Dieu & au Saint, aprés avoir fait encor un voyage au tombeau de S. Pierre, & visité d'autres lieux Sts. il revint au Monastere de S. Eusice, où il fut reçû Religieux pour le reste de sa vie.

Un müet étant venu dans l'Eglise pendant le saint Sacrifice de la Messe, demandoit en son cœur l'assistance de Dieu qui seul le pouvoit entendre, mais avant que le Prêtre eût achevé, le muet parla à haute voix au grand étonnement de tous les assistans, qui loüerent Dieu & le Saint de cette merveille.

Il y avoit aussi un Païsan d'un Village voisin de Celles qui porta dans l'Eglise un enfan qu'il avoit, aveugle dés sa naissance. On celebroit alors la Sainte Messe, & le peuple y portoit ses offrandes accoutumées avec des Cierges à la main.

Aussi-tôt cet enfan commença à crier à haute voix : Regardez mon pere, les beaux cierges que ce monde porte à l'Autel. Le pere surpris d'étonnement met à terre son fils, qui courant par l'Eglise s'en alla jusqu'a l'Autel proche duquel il demeura attendant que la Messe fut achevée, & le pere ravi de cette merveille le remena bien content en sa maison.

Un Prêtre apelé Hebert demeurant à Blois au Faubourg de Vienne, revenoit un jour de visiter le Tombeau de S. Eusice selon sa coûtume, dans le même tems qu'une compagnie de gens de guerre s'emparoit de ce Faubourg Quelques Soldats entrerent chez lui, & ayant rompu la porte de la cave, voulurent percer un tonneau de vin, dont le Prêtre les reprit, & les pria de n'y pas toucher, parce qu'il apartenoit à S. Eusice. Dequoi les soldats insolens s'étant moquez, ils percerent le tonneau en divers endroits, mais jamais ils ne pûrent en tirer une goute de vin. Comme ils se retiroient tout confus, le Prêtre s'approchant du tonneau, en tira du vin autant qu'il voulut, & leur donna à boire ; puis il aporta de ce vin dans l'Eglise du Saint, où plusieurs personnes en goûtant un peu, furent gueris de leurs infirmitez.

Une femme de Noyers qui étoit aveugle depuis huit ans recouvra la vûë ou Tombeau de S. Eusice, aprés y avoir demeuré quelques jours de l'Octave de la Pentecôte, pour demander à Dieu cette grace par l'intercession du Saint.

Un Villageois nommé Martin qui afin de ressentir la protection de S. Eusice, s'étoit mis au nombre des Serfs de son Eglise, selon la coutume introduite de long-temps, fut pris dans le pais du Maine par des larrons qui le mirent en prison, où il demeura cinq jours sans manger; & même pour lui ôter toute esperance de sortir, ils le jetterent dans une basse fosse. Il y avoit quatre jours entiers qu'il étoit dans cet état lorsque le Samedy suivant se remettant en memoire la renommée de S. Eusice, il commença de l'invoquer du profond de son cœur, le supliant, puisque lui même s'étoit vendu pour subvenir à l'indigence de ses parens, il lui plût avoir pitié de lui, & de le delivrer de sa misere. A peine eut-il achevé sa priere qu'il sentit ses pieds libres des fers, & sans être arrêté par ses gardes, il sortit en leur presence de sa prison & s'en vint au Tombeau du Saint pour lui rendre grace de sa delivrance.

Une infinité d'autres miracles ont été faits que je ne deduirai point ici, quoiqu'ils nous foyent raportez par des Témoins oculaires ; foit pour defendre ce que la pieté de fidelles avoit confacré au Saint, foit, pour châtier ceux qui par leur infolence s'en vouloient faifir. Comme ce qui fe fait de furprenant dans le cours de la nature n'eft pas comparable à ce qui s'opere dans l'ordre de la grace, laiffant à part le refte des actions prodigieufes que le Ciel a faites, foit par la perfonne du Saint pendant fa vie, ou par fes Reliques aprés fa mort, je finirai fon Hiftoire par une petite reflexion.

Bien qu'il eût toutes les bonnes habitudes dans un degré fort éminent, & qu'il fut revêtu de toutes les bonnes qualitez de l'ame, foit de celles qui font neceffaires pour vivre dans la focieté, foit de celles qui font propres pour la retraite; j'en remarque toutes-fois deux qui ont brillé par dessus les autres, la Patience & la Charité.

On peut dire qu'à l'imitation du Sauveur de nos ames, il étoit comme le lis entre les épines : & si cette fleur, quoique très aisée à dechirer, ne l'est pourtant point par toutes les pointes qui l'environnent, S. Eusice de même n'étoit point offensé par les calomnies les plus noires, ni par les outrages les plus sanglans. Au contraire celui qui sçait tirer le bien du milieu des maux, a voulu qu'une masse aussi corrompue que l'envie ait été la source de sa propre gloire, le sujet de la sanctification de son serviteur, & de la conversion de ses ennemis. Ne nous laissons pas seduire à cette passion lâche, & convaincus que rongeant ceux qui la forment, elle ne nuit jamais aux autres;

prenons plutôt dans leurs vertus le fonds de nôtre édification, que de nôtre jalousie. Car les qualitez du prochain sont bonnes ou mau-mauvaises, si elles sont mauvaises, il nous doit faire plutôt pitié qu'envie ; si elles sont bonnes, elles sont ou naturelles ou acquises ; si elles sont naturelles, votre envie ne leur nuira point : que si elles sont acquises, changez plutôt vôtre envie dans une honnête émulation, afin de les copier par vôtre étude, & ne les pas décrier par vôtre jalousie.

Pour ce qui est de la charité de S. Eusice, elle ne peut être ni plus entiere ni plus ardente. Si le fils de Dieu a mis le comble de la dilection consommée à exposer sa vie pour les siens, S. Eusice en se vendant pour assister ses parens, n'a-t'il pas copié dans cette action la charité ardente du Sauveur, qui a donné sa vie pour le besoin des hommes. Fasse le Ciel qu'il rejallisse sur nous quelque étincelle de ce beau feu pour éteindre dans nos cœurs tous les charbons désolans que la haine y allume, & pour y rallumer le feu sacré qui y est éteint depuis si long tems.

Mais vous illustre Voyageur, arrivé à la celeste Patrie, pendant que nous sommes encore dans les fatigues d'une route penible, appuyez nous de vôtre credit auprés de Dieu, afin que soutenus par une aussi puissante protection, aprés avoir imité vos vertus par le secours de la grace, nous soyons participans de la Gloire. Ainsi soit-il.

F I N.

APPROBATION DES DOCTEURS.

JE souſſigné Docteur en Theologie de la Faculté de Paris, aprés avoir lû trés exactement la Vie de S. Euſice, l'ay jugé digne de la donner au Public, n'étant remplie que de choſes trésédifiantes, qui feront faire aux Lecteurs les mêmes reflexions que j'ai faites. La premiere que Dieu eſt admirable en ſes Saints; l'autre que la grace de JESUS-CHRIST triomphe de la foibleſſe des hommes; & la troiſiéme que les prodiges de ce Saint Abbé ſont les effets de la promeſſe de nôtre Seigneur, qui a dit que ceux qui croiront en lui, feront de plus grands Miracles que ceux qu'il a operé par ſa Toute-puiſſance. Fait à Amiens en nôtre Convent des Freres Mineurs de l'Obſervance le 3. Novemb. 1684.

F. P. LE FRANC.

AUTRE APPROBATION.

JE souffigné Docteur de Sorbonne & Chanoine Theologal de la Cathedrale d'Amiens, reconnois qu'ayant auffi lû avec application le fufdit Ouvrage de la Vie de S. Eufice, j'ai fait & fuivi le même jugement qu'en a fait avant moy le trés R. Pere le Franc; aux Eloges duquel touchant sa doctrine orthodoxe, son utilité & son édification, ce seroit tenter l'impoſſible d'y vouloir ajoûter. Fait audit Amiens le 4. jour d'Aoust 1685.

DE TEMPLEUX.

AUTRE APPROBATION.

NOUS souffignez Docteurs & Profeſſeurs de Theologie en la sacrée faculté de Bourges, certifions avoir lû un Manuscrit qui a pour Titre: *La Vie de Saint Eusice Abbé, Patron & Fondateur de la Ville de Celles en Berri*, dans lequel nous n'avons rien trouvé qui ne soit trés conforme à la pureté de la Foy & des bonnes mœurs, & nous l'avons jugé trés utile au Public, qui est obligé à l'Auteur des reflexions judicieuses & chrétiennes dont il l'a enrichi; & nous sommes persuadez qu'il ne servira pas seulement à contenter l'esprit & à édifier le cœur de ceux qui le liront: Mais encore a augmenter de beaucoup l'estime & la vénération que les peuples du Berry ont conçû depuis plusieurs siecles du grand serviteur de Dieu Saint Eusice, puisqu'on y verra avec plaisir la peinture fidelle des vertus éminentes qu'il a pratiquées dans cette même Province, & une relation veritable & sincere des miracles éclatans qu'il y a operé. Donné à Bourges le 11. Octobre 1707.

L. GUIGNARD, Curé de Nôtre Dame du Fourchaut.

F. DENIS COULON, Prieur du Convent des Carmes de Bourges.

EXERCICE
POUR LA
SAINTE MESSE

En allant à l'Eglise.

NOUS entrerons dans le Temple du Seigneur, & nous l'adorerons dans le lieu qu'il a choisi pour sa demeure. *Psal.* 131.

Prenant de l'Eau benie.

Vous me purifirez de mes pechez, Seigneur, & je serai net, vous me laverez de vôtre Sang, & je deviendrai plus blanc que la neige. Mon Dieu créez en moi un cœur pur, & renouvellez l'esprit de justice dans mon cœur. *Psal.* 50.

P

Exercice
Avant que la Messe commence.

Je croi fermement, ô mon Dieu, que la Messe est le Sacrifice non sanglant du Corps & du Sang de JESUS-CHRIST vôtre Fils. Faites que j'y assiste aujourd'hui avec l'attention, le respect & la ferveur que demandent de si redoutables Mysteres.

Je m'unis au Prêtre & à toute vôtre Eglise pour vous offrir ce Sacrifice dans les mêmes vûës, dans lesquelles JESUS-CHRIST l'a institué & vous l'a offert.

Nous vous l'offrons pour rendre à vôtre divine Majesté nos vœux & nos hommages comme à nôtre souverain Seigneur, à vous qui êtes le Dieu éternel, vivant & veritable : pour vous remercier de tous les biens que nous avons reçûs, & que nous recevons tous les jours de vôtre bonté infinie : pour vous demander avec un cœur contrit la remission de nos pechez : & pour obtenir de vous generalement tous les secours qui nous sont necessaires pour le salut de l'ame, & pour la vie du corps.

Lorsque le Prêtre commence.

Au nom du Pere, & du Fils, & du saint Esprit. Amen.

Je reconnois, ô mon Dieu que mes pechez me rendent indigne d'assister à ce saint Sacrifice, de vous l'offrir & d'y participer: Mais mon Dieu, vous ne rejetterez pas un cœur contrit & humilié, qui avoüe ses fautes, & qui vous en demande trés-humblement pardon par les merites du Sacrifice qui vous a été offert pour les expier.

Confiteor. Misereatur, Indulgentiam &c. *ou* Je me confesse à Dieu, &c.

Pendant l'Introit.

Gloire au Pere & au Fils & au saint Esprit ; qu'elle soit telle presentement & toujours, & dans les siécles des siécles, qu'elle a été dés le commencement. Amen.

Si la Messe se dit pour les Morts.

Donnez, Seigneur, le repos & une lumiere éternelle à ceux pour qui nous vous prions, & à tous les Fideles qui sont morts dans vôtre grace. Qu'ils aillent vous loüer dans la celeste Sion, qu'ils vous voyent & qu'il vous prient dans la celeste Jerusalem. Ecoutez nos prieres, ô Dieu devant qui il faut que tous les hommes paroissent.

Seigneur, ayez pitié de nous. 3. *fois.* JESUS-CHRIST, ayez pitié de nous. 3. *fois.* Seigneur, ayez pitié de nous. 3. *fois.*

Quand il y a Gloria in excelsis.

O JESUS, qui avez bien voulu vous faire Homme pour glorifier vôtre Pere, & nous reconcilier avec lui ; que le Ciel & la Terre vous en benissent & adorent vôtre bonté infinie : Mais

pour la Ste. Messe. 89

donnez-nous & à toute vôtre Eglise la bonne volonté, la veritable paix, & les autres graces que vous avez fait annoncer au monde à vôtre naissance.

Pendant les Oraisons.

O mon Dieu recevez par vôtre bonté infinie les prieres que l'Eglise Sainte vous presente pour moi & pour tous vos Fidéles; permettez moi de me joindre à elle, de vous demander tres-humblement pardon de mes pechez, la victoire de mes passions & de mes mauvaises habitudes, une foi vive & operante par la Charité, afin que je sois fidéle à vos Commandemens, & aux devoirs de ma condition. Je ne merite pas d'être éxaucé, mon Dieu, mais je vous en supplie avec vôtre Eglise par les merites de JESUS-CHRIST vôtre Fils, qui vit & regne avec vous éternellement.

Si la Messe se dit pour les Morts.

Seigneur, quoique nous ne soyons pas dignes de vous prier pour nous-mêmes, nous osons cependant vous offrir nos prieres pour les autres. Appuyez sur la Foi de vôtre Eglise nous vous prions d'achever de pardonner à N. & à tous les Fidéles Trépassez, & de les faire entrer au plutôt dans le séjour de vôtre Gloire, nous vous en conjurons par les merites de J. C. &c.

Pendant l'Epitre (Aux Rom. 12.)

Haïssez le mal, attachez-vous au bien ; aimez vous les uns les autres comme étant freres : prevenez-vous mutuellement d'honneur & d'amitié. Ne soyez point paresseux ni lâches, mais dans une solicitude continuelle : ayez la ferveur d'esprit : servez le Seigneur : réjoüissez-vous par l'esperance : soyez patiens dans les afflictions : priez souvent : soulagez

pour la Ste. Messe, 91

les besoins des Saints : pratiquez l'hospitalité ; benissez ceux qui vous persecutent, benissez-les, & ne leur souhaittez point de mal : réjoüissez-vous avec ceux qui se réjoüissent, & pleurez avec ceux qui pleurent.

Pour les morts. (2. cor. 5.)

Tant que nous sommes dans le corps, nous sommes éloignez du Seigneur. Car nous marchons encore par la Foy, & non par la vûë claire. Mais nous osons esperer & desirer d'être éloignez du corps & presens au Seigneur. C'est pour cela que nous nous efforçons de lui plaire, soit que nous soyons absens, soit que nous soyons presens. Car il faut que nous soyons tous presens devant le Tribunal de JESUS-CHRIST, afin que chacun de nous reçoive le fruit de ce qu'il a fait dans son corps, soit le bien, soit le mal.

Exercice
Pendant le Graduel jusqu'à l'Evangile.

Faites-moy profiter ô mon Dieu des S^{tes} instructions que vous venez de me donner. Je crois qu'elles viennent de vous, & que c'est de vôtre Esprit que vôtre Eglise les a reçûës. Donnez-moy la docilité pour croire, & de la fidelité pour pratiquer le Saint Evangile qui va être lû.

A l'Evangile

JESUS dit : Heureux ceux qui sont pauvres d'esprit, parce que le Royaume du Ciel leur appartient. Heureux ceux qui sont doux parce qu'ils possederont la terre de leur heritage. Heureux ceux qui sont affamez, & alterez de la Justice, parce qu'ils seront rassasiez. Heureux ceux qui font misericorde, parce qu'on leur fera misericorde. Heureux ceux qui on le cœur pur parce qu'ils verront Dieu. Heureux les pacifiques parce

parce qu'ils seront appelez les enfans de Dieu. Heureux ceux qui souffrent persecution pour la Justice, parce que le Royaume du Ciel leur appartient. Vous êtes heureux lorsque les hommes vous haïssent, vous persecutent, vous calomnient à cause de moi. Rejouïssez-vous alors & soyez remplis d'allegresse ; car la récompense qui vous est preparée dans le Ciel est bien grande.

Pour les Morts. (*Joan.* 5.)

JESUS dit : L'heure vient à laquelle tous ceux qui sont dans les Tombeaux entendront la voix du Fils de Dieu, & ils en sortiront tous : Ceux qui auront bien vécû pour la resurrection de la vie ; & ceux qui auront fait le mal, pour la resurrection du Jugement.

Au Credo.

On recitera le Symbole des Apôtres.

À l'Offertoire.

Recevez, ô Pere Saint, Dieu Tout-puissant & éternel cette Hostie sans tâche que nous vous ofrons tous avec le Prêtre vôtre serviteur, en mémoire de ce grand Sacrifice que J.-C. vôtre Fils vous a offert sur le Calvaire & qu'il va renouveller sous les espéces de ce pain, & de ce vin, qui vont être consacrez & transubstantiez en son Corps & en son Sang adorable par sa parole toute puissante.

Recevez cette victime d'un merite infini en reconnoissance de vôtre Souverain empire sur moy; en action de graces de tous vos bien-faits, pour la remission de mes pechez & de ceux de tout le monde; Donnez-nous en sa consideration les graces dont nous avons besoin pour vous servir avec fidelité & le repos éternel à nos freres qui sont morts dans vôtre amour.

pour la Ste. Messe.

Agréez aussi mon Dieu, que je me joigne à cette Hostie, pour me sacrifier avec elle à vôtre gloire ; recevez-moy, Seigneur, sans reserve mon corps, mon âme, ma vie ; je n'ay rien que je n'aye reçû de vous ; je vous presente & consacre tout en esprit d'humilité & de contrition.

A l'Orate Fratres.

Que le Seigneur reçoive de vos mains ce Sacrifice, pour la louange & la gloire de son nom, pour nôtre avantage, & pour celui de toute sa sainte Eglise.

Pendant les Prieres Secrettes.

Ecoutez, ô mon Dieu, la priere de vôtre Eglise preparez vous même le Sacrifice qu'elle doit vous offrir ; changez ces dons qui sont sur vôtre Autel, au Corps & Sang de JESUS-CHRIST vôtre Fils, & faites en un sacrifice de propitiation pour les vivans, & pour les morts. Nous vous en conjurons par JESUS-CHRIST vôtre Fils nôtre Seigneur. Amen.

A la Preface.

Per omnia &c. Sursum corda,
C'est à dire élevons nos cœurs à Dieu

Separez-nous presentement de toutes les Créatures, & élevez nos esprits & nos cœurs jusqu'à vous, ô Dieu de mon cœur, pour ne penser qu'au Mystere ineffable qui va se passer sur cet Autel, & pour nous joindre à tous vos Saints, afin de vous y adorer present réellement, vous y rendre graces comme il est juste, vous louer & glorifier Pere Saint, Dieu éternel, Seigneur Tout-puissant recevez nos voix mêlées avec celles de ces bien-heureux esprits, & embrasez-nous du même amour & du même zele pour vôtre gloire afin de vous dire humblement avec eux ce sacré Cantique: Saint, Saint, Saint, est le Seigneur le Dieu des Armées; la terre & le Ciel sont

pleins

pleins de vôtre gloire : Beni soit celui qui vient au nom du Seigneur : Gloire & loüange lui soit renduë éternellement.

Au Canon & pendant le Memento.

Pere Eternel, bonté infinie, nous vous supplions trés-humblement par le même JESUS CHRIST vôtre Fils, d'agréer le Sacrifice trés pur de son Corps sacré & de son precieux Sang, & d'exaucer les prieres que nous vous faisons en vous l'offrant pour vôtre Eglise sainte & Catholique : Donnez lui la paix & l'union de tous ses enfans, de sorte qu'ils n'ayent qu'un même esprit & un même cœur : gouvernez-la vous même par vôtre sagesse infinie, soumetez lui toute la terre, & que les portes de l'Enfer ne prévallent jamais contre elle, selon la promesse de vôtre Fils.

Benissez nôtre Saint Pere le Pape, nôtre Prélat, nôtre Roy,

R

& tous les fidelles qui sont sous leur conduite: & entre les autres benissez particulierement N. & N. qui vous offrent ce sacrifice de loüange, mes parens, bienfaicteurs amis & ennemis.

Et comme nous sommes unis en une sainte societé avec la trés Sainte Mere de vôtre Fils, ses Apôtres, ses Martyrs & tous ses autres Saints; que nous ne faisons qu'un même corps, dont vôtre Fils est le chef, & que nous avons pour eux un respect particulier: Nous vous prions de nous accorder par leur merite, vôtre protecton speciale. Recevez donc favorablement cette Offrande de toute vôtre famille, donnez-nous vôtre paix dés cette vie mortelle & faites qu'étant préservez de la damnation éternelle, nous soyons contez au nombre de vos Elûs, pour vous posseder, loüer & aimer à jamais par le même JESUS-CHRIST vôtre Fils.

A la Consécration

Je crois très fermement, mon Dieu que par la vertu de vôtre divine parole, ce pain, & ce vin se changent réellement en vôtre Corps & en vôtre Sang, comme vous l'avez fait la veille de vôtre Passion.

A l'Elevation de la Sainte Hostie.

O Jesus, je vous adore sous cette blancheur & cette rondeur, parce que vous y êtes réellement & substantiellement present, vous que les Anges ont adoré dés le moment de vôtre Incarnation, & qui le fûtes par les Mages dans la Créche; vous qui fûtes attaché à la Croix pour expier mes pechez; vous qui regnez éternellement au Ciel avec le Pere & le Saint Esprit; vous qui descenderez visiblement un jour pour me juger. Vous êtes mon Sauveur & mon Dieu, j'espere en vous seul, je vous aime de tout mon cœur, & je vous offre tout ce que je suis.

A l'Elevation du Calice.

Je vous adore ô Sang précieux de mon Dieu, qui avez été répandu pour moy sur la Croix ; puisque vous êtes le prix de mon ame rachetée, coulez sur moy, purifiez moy, sanctifiez moy, soyez mon salut & ma vie pour l'Eternité.

O mon Dieu, Pere Eternel, faites-moi misericorde pour l'amour de ce cher Fils que je vous offre comme la seule Victime qui soit digne de vôtre Majesté infinie, & qui puisse satisfaire pour mes pechez.

Demeurez quelques momens dans des sentimens d'humiliation, de contrition, de reconnoissance, d'amour, & dans un saint tremblement pour la presence de Nôtre Seigneur.

Au 2. Memento, qui est pour les Morts.

Pour la Ste. Messe.

Souvenez, Seigneur, de vos serviteurs & servantes qui nous ont précedé, qui ont marqué leur foi par leur fidelité à vos Commandemens, & qui étant morts en vôtre grace, mais n'ayant pas entierement expié leurs fautes, attendent encore vôtre derniere misericorde : ayez en pitié, Seigneur, specialement de N. & N. & de ceux qui sont les plus abandonnez. Ces ames sont vos enfans, vos épouses, vos Elûs, vous les aimez, & ce Sang est répandu pour elles ; donnez-leur la paix le rafraîchissement, la lumiere & la liberté que l'Eglise vous demande en leur faveur par le merite de ce saint Sacrifice.

A Nobis quoque peccatoribus.

Quelques pecheurs que nous soyons, nous ne laissons pas d'esperer aussi dans la multitude de vos misericordes, que vous nous recevrez dans la compagnie de tous vos Saints, ne regardant pas nos merites, mais ceux de JESUS-CHRIST nôtre Seigneur qui vit & regne avec vous & le S. Esprit dans une gloire infinie dans tous les siécles des siécles. Ainsi soit il.

Au Pater noster. On recitera l'Oraison Dominicale, & ensuite.

Oüi, Seigneur, délivrez-nous de tout mal, de toute sorte de maux, des maux passez, des maux presens, des maux à venir. Par l'intercession de sainte Marie Vierge & Mere de Dieu, de vos Apôtres & de tous les Saints, aïez la bonté de nous donner la paix pendant le temps de cette vie mortelle, afin que nous vivions & sans aucun peché & sans aucun trouble. Nous vous en prions par nôtre Seigneur JESUS-CHRIST vôtre Fils, qui ne faisant qu'un avec vous & avec le saint Esprit, vit & regne pendant tous les siécles. Amen.

A Pax Domini & Agnus Dei.

Agneau de Dieu qui avez été immolé sur la Croix, & qui continuez ici vôtre sacrifice pour ôter les pechez du monde, ayez pitié de nous, pardonnez nos offenses, & donnez-nous la paix que le monde ne peut donner; la paix avec vous par une veritable reconciliation & une parfaite soumission à vos volontez; la paix avec nous mêmes, par le calme de nos passions, la paix avec notre prochain, par l'union d'une charité sincere; la paix dans toute l'Eglise, par l'extinction des heresies, des Schismes & des guerres.

A Domine, non sum dignus.

Je l'avoüe Seigneur, je ne suis pas digne que vous entriez dans moy, ni que vous me donniez par une communion réelle, vôtre Sacré Corps & vôtre Sang precieux, qui est le plus grand de tous les dons.

Je deteste de tout mon cœur les pechez qui me rendent indigne de cette grace : Mais mon Dieu pardonnez les moy, dites seulement une parole & mon ame sera guerie, & ensuite permettez-moy de ramasser les miettes qui tombent de vôtre Table : Donnez-moy quelque part aux biens que vous communiquez par une Sainte Communion ; donnez-moy une Foy vive, une ferme Esperance, & une ardente Charité qui m'unisse à vous, qui me fasse vivre de vous-même, qui anéantisse en moy tout ce qui vous déplaît, & qui vous fasse regner seul dans moi & me dispose à vous recevoir dignement à l'avenir, & à present au moins spirituellement comme je le desire de tout mon cœur ; afin que vôtre Corps & vôtre Sang devenant la vie de mon ame, la conserve dans vôtre grace & sous vôtre protection, pour lui donner un jour la vie éternelle.

Cependant, ô grand Dieu, je crois & j'espere en vous, je vous adore, & je vous aime de tout mon cœur, je vous supplie de me faire la grace de vous adorer & aimer éternellement.

Aux dernieres Oraisons

Nous vous rendons graces, ô mon Dieu de ce que vous nous avez permis d'assister à vos Saints Mysteres. Faites que nous en conservions precieusement la memoire & le fruit & que rien ne soit capable de nous faire perdre vôtre grace dont ils sont les canaux & le gage. Nous vous en prions par Nôtre Seigneur JESUS-CHRIST vôtre Fils. Amen.

Aux Messes des Morts.

Faites entrer dans le Ciel les Fidelles trépassez; pour qui nous vous prions, ô mon Dieu; & faites leur voir à decouvert le même JESUS-CHRIST que nous recevons ici bas caché sous le voile de son Sacrement. Nous vous en prions par le même Jesus-Christ nôtre Seigneur. Amen.

A la Benediction.

O Dieu Tout-puissant, Pere, Fils & S. Esprit, en consideration de ce Sacrifice qui vient de vous être offert, benissez-nous pour le tems & pour l'éternité.

Pendant le dernier Evangile.

Je vous remercie, ô mon Dieu de la grace que vous m'avez faite en me permettant d'assister aujourd'hui au saint Sacrifice de la Messe. Je vous demande pardon de la dissipation où j'ai laissé aller mon esprit, & de la froideur que j'ai sentie dans mon cœur, dans un tems que je devois être tout occupé de vous, & tout enflammé de vôtre amour.

Que ce Sacrifice qui vous a été offert, ô mon Dieu, & auquel j'ai eu part, me purifie pour le passé, & me fortifie pour l'avenir. Oubliez, Seigneur, tous les égaremens de ma jeunesse, & tous mes pechez, pour lesquels Jesus Christ vôtre Fils vient d'être immolé sur vôtre Autel, ne permettez pas que je retourne davantage dans ces pechez, pour lesquels je n'ay plus d'Hostie ni de Victime à attendre, si je rends celle-ci inutile.

Je ne vous ai point quitté, Seigneur, que vous ne m'ayez donné vôtre benediction. En me la donnant vous avez beni mes travaux, & toutes mes démarches.

Je vais présentement avec confiance aux occupations où je crois que vôtre volonté m'apelle. Je me souviendrai toute cette journée de la grace que vous venez de me faire ; & je tâcherai de ne laisser échaper aucune parole, aucune action, de ne former aucun desir, aucune pensée qui me rende indigne de vôtre benection & qui me fasse perdre le fruit de vos Mysteres.

Répons de S. Eusice.

O Præclare Miles Christi, admirandi meriti, nasciturum Genitrici quem prædixit Angelus : * Ut ad regnum renascamur adjuva perpetuum.

Vers. Ut quos terra culpa stratos edidit miseriæ, tua prece relevatos reddas cœli gloriæ. Ut ad regnum. Gloria Patri. Ut ad regnum. *Oraison.*

COncede, quæsumus omnipotens Deus : ut Beati Eusicii Confessoris tui frequentata memoria, ad perpetuam populo tuo salutem proficiat, & quem sæpius veneramur in terris, Patronum semper habeamus in cœlis. Per Dominum nostrum, &c.

F I N.

www.ingramcontent.com/pod-product-compliance
Lightning Source LLC
Chambersburg PA
CBHW070245100426
42743CB00011B/2146